La météo

pour les enfants

Textes

Cyril Blanchet

Illustrations

Cyril Blanchet & IA

Sommaire

La météo

La météo désigne les conditions climatiques d'un endroit à un moment donné. Elle peut inclure des informations sur la température, ce qui tombe du ciel (les précipitations), les vents, les nuages et autres phénomènes météorologiques.

Comprendre la météo va t'aider à te préparer aux différents types de temps et à apprécier les moments météorologiques spéciaux.

Mesurer la météo

Pour mesurer la météo, les scientifiques utilisent des outils spéciaux appelés instruments météorologiques.

Voici quelques-uns des instruments les plus couramment utilisés pour mesurer la météo :
- Thermomètre : mesure la température de l'air
- Anémomètre : mesure la vitesse du vent
- Pluviomètre : mesure la quantité de précipitations
- Baromètre : mesure la pression atmosphérique
- Hygromètre : mesure l'humidité de l'air

Les scientifiques utilisent ces instruments pour mesurer la météo à différents endroits, à différentes altitudes et à différents moments de la journée. Ils collectent ensuite les données météorologiques et les utilisent pour faire les prévisions météo !

Pluvieux

Un temps pluvieux, c'est quand il pleut. Tu peux voir les gouttes d'eau tomber du ciel et atterrir sur le sol. Il peut faire froid et humide, alors n'oublie pas de prendre un parapluie et des vêtements chauds pour te protéger. La pluie est très importante pour la nature, car elle aide les plantes et les arbres à grandir. C'est aussi une bonne occasion de s'amuser à patauger dans les flaques d'eau ou de jouer à l'intérieur avec tes jouets.

Alors, la prochaine fois qu'il pleut, n'aie pas peur, prends juste une veste et profite de ce temps spécial !

Neigeux

Un temps neigeux, c'est quand il neige. Tu peux voir les flocons de neige tomber du ciel et s'accumuler sur le sol. C'est très amusant de jouer dans la neige, de faire des bonshommes de neige ou de glisser sur une colline. Mais n'oublie pas de porter des vêtements chauds et des bottes pour te protéger du froid. La neige est aussi très belle à regarder, surtout quand elle recouvre les arbres et les maisons.

Alors, la prochaine fois qu'il neige, n'attends pas, sors et joue!

Nuageux

Un temps nuageux, c'est quand il y a beaucoup de nuages dans le ciel. Les nuages peuvent être gris et sombres, ou blancs et doux. Les journées nuageuses peuvent être calmes et agréables, mais il ne fait pas toujours chaud. Il est important de porter des vêtements confortables et d'emporter un parapluie si tu penses qu'il peut pleuvoir. Les nuages peuvent aussi être très fascinants à observer, surtout quand ils se déplacent rapidement dans le ciel.

Alors, la prochaine fois que tu vois des nuages, prends le temps de les contempler et de les admirer.

Brumeux

Un temps brumeux, c'est quand il y a de la brume dans l'air. La brume est comme un brouillard léger qui flotte au-dessus du sol. Les journées brumeuses peuvent être mystérieuses et silencieuses. Il peut faire un peu humide, alors n'oublie pas de porter des vêtements confortables et d'emporter un parapluie si tu penses qu'il peut pleuvoir. La brume peut aussi être très belle à regarder, surtout quand elle se dissipe lentement dans le ciel.

Alors, la prochaine fois que tu vois de la brume, prends le temps de la contempler et de l'admirer.

Venteux

Un temps venteux, c'est quand il y a beaucoup de vent dehors. Le vent peut faire bouger les arbres, les feuilles et les branches. C'est amusant de jouer dans le vent et de sentir ses cheveux s'envoler dans le ciel. Cependant, il est important de porter des vêtements confortables et de se protéger des rafales de vent qui peuvent être fortes. Les journées venteuses peuvent être un peu fraîches, alors n'oublie pas de porter un manteau ou un pull pour te tenir au chaud.

Alors, la prochaine fois que tu vois qu'il y a du vent dehors, prends le temps de jouer et de t'amuser.

Tornade

Une tornade, c'est un phénomène météorologique très puissant. C'est comme une énorme spirale d'air qui tourne très vite et peut causer des dégâts importants. Les tornades peuvent être très dangereuses, alors il est important de connaître les signes avant-coureurs et de savoir quoi faire si une tornade se produit près de chez toi. Si tu entends une alerte de tornade à la radio ou à la télévision, il est important de suivre les instructions des autorités et de te mettre en sécurité rapidement. N'oublie pas, la sécurité est toujours la priorité.

Orage

Un orage, c'est un phénomène météorologique très dramatique. Tu peux entendre le tonnerre gronder et voir les éclairs brillants dans le ciel. Les orages peuvent causer des bruits effrayants, mais ils sont en général très sûrs pour les gens qui restent à l'intérieur. Si tu as peur des orages, tu peux écouter de la musique douce ou lire un livre pour te sentir mieux. Il est aussi important de déconnecter tous les appareils électroniques et de ne pas prendre de bain ou de douche pendant un orage pour rester en sécurité.

Alors, la prochaine fois qu'il y a un orage, ne sois pas effrayé, reste à l'intérieur et profite de ce moment unique.

Ouragan

Un ouragan, c'est un phénomène météorologique très puissant. Les ouragans sont des tempêtes qui se produisent dans l'océan et qui peuvent causer des dégâts importants sur les côtes. Les vents violents peuvent détruire les maisons, les arbres et les routes. Les ouragans peuvent également causer des inondations et des vagues hautes. Si tu vis dans une zone où il peut y avoir des ouragans, il est important de suivre les instructions des autorités et de te préparer pour la tempête en cas d'urgence. N'oublie pas, la sécurité est toujours la priorité.

Le gel

Le gel, c'est quand la température descend en dessous de 0°C et que l'air et la surface de la terre gèlent. Les journées de gel peuvent être très froides et il est important de porter des vêtements chauds et confortables pour se protéger du froid. Les sols gelés peuvent devenir glissants, alors il est important de marcher avec précaution pour éviter les chutes. Si tu joues dehors pendant un jour de gel, n'oublie pas de boire beaucoup d'eau pour t'hydrater.

Alors, la prochaine fois que tu vois qu'il va faire très froid dehors, prépare-toi avec des vêtements confortables et profite de la belle journée.

Vague de chaleur

Une vague de chaleur, c'est quand il fait très chaud pendant plusieurs jours d'affilée. Les journées de chaleur peuvent être très agréables, mais elles peuvent aussi être dangereuses pour la santé. Si tu te sens étourdi ou nauséeux, ou si tu as très chaud, il est important de boire beaucoup d'eau pour t'hydrater. Il est également important de porter des vêtements légers et de te protéger du soleil en utilisant de la crème solaire ou en portant un chapeau ou des lunettes de soleil.

Alors, la prochaine fois que tu vois qu'il va faire très chaud dehors, n'oublie pas de prendre soin de toi et de profiter de la belle journée.

Lever du soleil
28

Le lever du soleil, c'est le moment où le soleil apparaît à l'horizon et se lève dans le ciel. C'est un moment très beau et paisible de la journée, et c'est aussi le début d'une nouvelle journée. Le ciel devient alors d'une belle couleur orange, rouge et rose, et les oiseaux commencent à chanter. Si tu veux voir le lever du soleil, tu peux te réveiller tôt un matin et aller avec tes parents à un endroit où tu peux voir l'horizon. C'est un moment merveilleux pour se connecter avec la nature et se ressourcer avant de commencer une nouvelle journée.

Coucher de soleil

Le coucher du soleil, c'est le moment où le soleil se couche à l'horizon et disparaît dans le ciel. C'est un moment très beau et paisible de la journée, et c'est aussi la fin d'une journée. Le ciel devient alors d'une belle couleur orange, rouge et rose, et les oiseaux commencent à se calmer. Si tu veux voir le coucher du soleil, tu peux aller à un endroit où tu peux voir l'horizon en fin d'après-midi. C'est un moment merveilleux pour se connecter avec la nature et se détendre après une longue journée.

Neige fondue

La période de neige fondue, c'est le moment où la neige qui est tombée pendant l'hiver commence à fondre et à se transformer en eau. Cela peut arriver lorsque les températures augmentent et que le soleil brille. La neige fondue peut créer de petits ruisseaux et de jolis reflets sur les flaques d'eau, et c'est aussi un bon moment pour jouer dehors. Cependant, il faut être prudent et ne pas marcher sur les étangs gelés, car ils peuvent être dangereux et ne sont pas assez épais pour supporter le poids.

Arc-en-ciel
34

Un arc-en-ciel est un magnifique phénomène météorologique que l'on peut voir dans le ciel lorsqu'il pleut et que le soleil brille en même temps. Il ressemble à une grande courbe de couleurs brillantes qui traverse le ciel. Les couleurs sont disposées dans un ordre précis, allant du rouge au violet, et se forment lorsque la lumière du soleil rencontre les gouttes d'eau en suspension dans l'air. Les gouttes d'eau agissent comme des petits miroirs qui réfléchissent et dispersent la lumière du soleil en couleurs distinctes.

L'observation d'un arc-en-ciel est un moment magique !

À propos de l'auteur

Cyril Blanchet, auteur de livres pour enfants et illustrateur assisté par l'intelligence artificielle est natif de France et maintenant basé au Canada.
En mettant l'accent sur les illustrations créatives et colorées, Cyril crée des livres qui divertissent et éduquent les jeunes lecteurs.

Cyril a pour passion de transmettre le goût de la lecture aux enfants et cherche à leur donner l'amour de la littérature.

Ce livre est dédié à mes enfants

Louise et Jules

Si vous avez apprécié votre lecture,
n'hésitez pas à laisser un commentaire sur
amazon